ICH MACHE DICH WERTVOLLER

**Die Prinzipien der persönlichen
Wertsteigerung und wie du sie
erreichen kannst**

ICH MACHE DICH WERTVOLLER

Die Prinzipien der persönlichen Wertsteigerung und wie du sie

erreichen kannst

Benjamin Ziegler

wertupyourlife

Benjamin Ziegler, Zolliker Straße 153, 8008 Zürich

© 2022 Benjamin Ziegler

Lektorat & Korrektorat: Linda Eggert, Grasberg

Herstellung und Verlag: BoD – Books on Demand, Norderstedt

ISBN: 9783756821655

Erstauflage: September 2022

Bibliografische Information der Deutschen Nationalbibliothek: Die Deutsche Nationalbibliothek verzeichnet diese Publikation in der Deutschen Nationalbibliografie; detaillierte bibliografische Daten sind im Internet über dnb.dnb.de abrufbar.

Inhalte

Über den Autor

Mein Name ist Benjamin Ziegler und seit mehreren Jahren befasse ich mich damit, wie Menschen wirken, wie Menschen agieren und wie Menschen ihren eigenen Wert erkennen und steigern. Als Coach und Philosoph für Humane Wertsteigerung ist es mein Ziel, dir dabei zu helfen, dein wertvolles Ich zu finden und es effizient im Alltag und Beruflichen einzusetzen.

Nach tiefgreifenden Erlebnissen und Herausforderungen, denen ich mich bereits in jungen Jahren stellen musste, gebe ich meine Erfahrungen nun weiter und lehre andere Menschen darin, den inneren und äußeren Aufstieg zu entdecken und geschehen zu lassen.

Die Etappen meines Lebens, die mich nachhaltig prägten:

1. Wertsteigerung durch Außenwirkung
2. Zwei Jahre Rucksack-Trampen
3. Innere spirituelle Transformation

Die Wertsteigerung

Die Wertsteigerung ist älter als der Mensch. Schon in der Tierwelt und Natur ist zu beobachten, dass Tiere stets einen Partner an ihrer Seite bevorzugen, der wertvoller für sie ist. Dieses Verhalten fokussieren wir auch heute noch. Dabei achten wir als Menschen jedoch darauf, dass wir unseren persönlichen Aufstieg erreichen und gezielt auf der Suche nach einem Partner sind, der dieselben

Schwingungen innehat: Wir streben danach, jemanden zu finden, mit dem wir auf einer Wellenlänge sind. Im Laufe der letzten Jahrhunderte, nein, Jahrtausende, entwickelte sich der Mensch immer weiter. Er strebte stets nach mehr und auch in der Wertsteigerung gab es Veränderungen und Entwicklungen, die sich heute praktisch umsetzen lassen. Die Grundsätze von damals gelten jedoch bis heute weiter: Durch dieses Wissen, diese Erfahrungen und diese Kenntnisse ist es uns heute möglich, unseren inneren und äußeren Aufstieg zu wagen, umzusetzen und so zu beeinflussen, dass wir unsere Ziele erreichen.

Doch Wertsteigerung ist ein stetiger Prozess: Nicht nur für den individuellen Menschen an sich, sondern auch als ganzheitliches Projekt: Die Welt wird generell wertvoller. Die Erde strebt stetig nach sauberer Natur, nach Reinheit, nach ihrer puren Ausstrahlung. Und genau so, wie die Welt immer wieder versucht, ihren Wert zu steigern, so ist es auch der Anspruch eines jeden Menschen, sich positiv zu optimieren – und zwar in allen Bereichen: Sei es der Pizzaverkäufer, der eine bessere Pizza zu einem höheren Preis verkaufen möchte, sei es der Bewerber, der sich in einem Vorstellungsgespräch so gut wie möglich darstellen möchte oder sei es der Ehepartner, der für seine Lebensgefährtin aussorgen möchte.

Bevor ich dir von meinem eigenen Weg der Wertsteigerung und von meinem persönlichen inneren Aufstieg erzähle, habe ich noch eine interessante Statistik:

90 % Fähigkeiten des Menschen liegen brach – das

bedeutet, wir als Menschen nutzen unser Potential eigentlich überhaupt nicht. Wir sind somit nicht das Ende der Evolution, sondern haben quasi noch nicht einmal damit angefangen, uns weiterzuentwickeln.

Aus diesem Grund ist es besonders wichtig, unsere inneren Fähigkeiten zu mobilisieren. Es gibt eine große Menge an Literatur und Ratgebern auf dem freien Markt, Personal Trainer, Modeberater und Coaches, die dein Äußeres verändern möchten und der Meinung sind, dass du lediglich dadurch zu mehr Erfolg kommen wirst – und genau das ist nicht richtig. Um wirklich zu wachsen, um dir selbst mehr Wert zu geben, um mehr Erfolg zu haben – in welchen Bereichen auch immer – musst du erkennen, was deine Talente sind, was du für Fähigkeiten hast und wie inneres Wachstum funktioniert.

Mein eigener Prozess der Wertsteigerung begann früh. Davon möchte ich dir jetzt erzählen.

Ich arbeitete für einen gewissen Zeitraum in einer gehobenen Modeboutique. Dabei erlernte ich, wie wichtig es war, nach außen hin einen guten Eindruck zu machen: Die Kleidung musste akkurat sein, ein gepflegtes Äußeres musste selbstverständlich sein und ein freundliches Lächeln, das Vertrauen im Kunden weckte, war meine standardisierte Mimik.In dieser Zeit lernte ich jedoch auch, was es bedeutete, dem Kunden ein Produkt zu präsentieren: Freundlich, bestimmt und sympathisch musste ich wirken. Menschen kaufen von Menschen – und dementsprechend musste ich auftreten, meine Persönlichkeit entfalten und die Produkte präsentieren.

Die Menschen begegneten mir generell und nicht nur in der Boutique sehr aufgeschlossen und freundlich. Sie nahmen Rücksicht, verhielten sich mir gegenüber mit Anstand und Respekt und sahen mich als angemessenen Umgang an. Dass sich das schnell ändern würde, ahnte ich hier noch nicht.

Ich erinnere mich noch ganz genau an diese eine Situation, die mein Denken radikal veränderte: Eines Tages wurde ich von einem Kollegen gefragt, ob ich ihm beim Renovieren helfen könne. Ich sagte zu, bekam in der Modeboutique frei und so kleidete ich mich am nächsten Tag eben nicht akkurat und modern, sondern eben so, wie es eine Renovierung erforderte: Kleidung, die ruhig dreckig werden konnte, die vielleicht schon ausgewaschen war, die ihre besten Tage bereits hinter sich hatte. In diesem Outfit – wenn man es denn so nennen konnte – stieg ich in die Bahn ein und wurde prompt von anderen Menschen rücksichtslos ange-rempelt. Ein anderer Mann nahm mir den Platz weg, bevor ich mich hinsetzen konnte. Eine Schmach! Und ich bemerkte bei dieser Fahrt mit der Bahn an einem ganz normalen Tag, wie viel die äußere Wirkung im Umgang miteinander eigent-lich ausmachte.

Während der Fahrt zu meinem Kollegen rekapitu-lierte ich die Situation in meinem Kopf – und ver-glich sie mit der Wirkung und der Ausstrahlung, die ich als Modeverkäufer wohl hatte. Mein Fazit: „Jeder Mensch hat einen Wert, den er auf seine Mit-menschen ausstrahlt. Dieser Wert legt fest, wie der Mensch behandelt und/oder bevorzugt wird."

Am nächsten Tag wiederholte ich den Ablauf noch einmal und zog meine beste Kleidung an: sauber, gehoben, als hätte ich einen hohen Status in der Gesellschaft. Und wie vermutet, reagierten die Menschen direkt anders auf mich und meine Erscheinung: Einige lächelten mich freundlich an und einer ließ mir am Platz in der Bahn sogar den Vortritt. Von diesem Moment an begann ich, mich mit der inneren und äußeren Wertsteigerung des Menschen zu beschäftigen. Wenn solch' eine kleine Veränderung bereits so viel in der Wirkung auf andere Menschen ausrichtete, was bewirkten dann größere Veränderungen im Verhalten und Umgang und in der Persönlichkeit?

Manche Menschen hegen, pflegen und polieren ihr Auto, ihr Motorrad oder auch ihren Garten wie einen Diamanten. Sie zeigen ihren Mitmenschen dann mit Stolz, was sie daraus gemacht haben und freuen sich über die positiven Resonanzen und Reaktionen. Was sie dabei jedoch oft vergessen: Sich selbst. Deshalb ist es wichtig, dass du deinen Wert steigerst und diesen Prozess mit mir zusammen gehst. Diese positive Resonanz ist doch wesentlich schöner, wenn sie auf dich und deine Person eingeht und nicht auf das, was um dich herum passiert. Genau so, wie du also dein Auto oder deinen Garten hübscher machen kannst, schaffst du das bei dir auch – da bin ich mir sicher.

Zwei Jahre Abenteuer

Ich entschied mich, humane Wertsteigerung zu studieren und meine Aussage, die ich in der Bahn getroffen hatte, zu erörtern und wissenschaftlich zu belegen. Nach meinem Studium wollte ich mich jedoch noch einmal vermehrt auf mich selber konzentrieren. Vielleicht war es aber auch eine persönliche Sozialstudie, als ich mich spontan dazu entschied, meinen Rucksack zu nehmen und zu verreisen. Freiheit und Unabhängigkeit war mein Ziel – und die Zeit prägte mich zusehends.

Die Reise verlief härter als ich anfangs dachte: Besonders die Wintermonate waren anstrengend und oft stieß ich an meine Grenzen und wollte abbrechen. Aber, und genau das machte meine innere Stärke aus, ich hielt durch.

Eines, was mich die Reise schnell lehrte: Vermeintliche Freunde, Bekannte und Dinge kommen und gehen. Sie bleiben nicht. Sie gehen ihre eigenen Wege oder verlieren sich mit der Zeit. Ich verlor auf meiner Reise alles: meine Freunde, meine Wohnung und die Dinge, die mir wertvoll waren. So spielt das Leben.

Die spirituelle Transformation

Durch die Unabhängigkeit, die ich mir durch meine Reise angeeignet hatte, waren mir diese Umstände jedoch gleichgültig. Es war okay. Ich war bei mir und alles was ich brauchte, war in mir. Diese Erkenntnis dauerte ein wenig, doch als es mir bewusst wurde, dehnte sich ein helles weißes Licht explosionsartig in meiner spirituellen Brust aus. Die spirituelle Erinnerung kam ebenfalls wieder – wie eine Bombe, die in meinem Kopf platzte und alles freisetzte, was mir in den letzten Jahren Unterstützung bot. Ich kehrte schließlich zu meiner Familie, meinem engsten Kreise zurück und suchte mir eine neue Wohnung, in der ich mich und meine Ideen frei entfalten konnte.

Was mir während dieser gesamten Zeit bewusst wurde: Der Mensch wird nur zu mehr Wert kommen, wenn er eine Aufgabe hat, wenn er seine Talente und seine Fähigkeiten einsetzen kann. Was wäre zum Beispiel ein ein Louis Armstrong ohne seine Trompete oder ein Albert Einstein ohne seine Relativitätstheorie? Genau: Nichts. Ein unbedeutender Mensch.

Nutze deine Talente und Fähigkeiten und drücke ihnen deinen ganz eigenen, individuellen Stempel auf. Was tust du gerne, was sind deine Hobbys, welche Leidenschaften hast du? Notiere sie hier:

_____

_____

_____

_____

_____

_____

Finde ein Lebensziel, finde eine Aufgabe: Vielleicht möchtest du einfach nur deinen Partner glücklich machen. Vielleicht möchtest du etwas Großes erfinden, etwas Neues, etwas Wichtiges für die Gesellschaft schaffen oder auch einfach nur in dir ruhen?

Die Wertsteigerung ist das Instrument für deinen erfolgreichen Weg.

Benjamin Ziegler

Denn nur durch die persönliche Wertsteigerung kannst du deine Fähigkeiten, dein volles Potential zur Erreichung deiner Lebensziele wirklich anwenden und umsetzen.

Vorwort

Dieses Buch soll dich umfassend bereichern: dein Selbstbewusstsein, deine Ausstrahlung, deine Attraktivität steigern und dein inneres als auch äußeres Ich optimieren. Finde heraus, wie dein innerer Mensch deine Persönlichkeit beeinflusst und wie dein äußerer Mensch auf dein Umfeld wirkt. Steigere deinen Wert. Steigere deinen Status. Steigere dein Mensch-Sein.

Ich zeige dir, wie du das schaffst und gebe dir wertvolle Tipps mit auf den Weg, die du direkt praktisch umsetzen kannst.

In der Wertsteigerung gibt es die inneren und äußeren Werte. Zusammen bilden sie die Harmonie zwischen dem grobstofflichen und feinstofflichen

Bereich. Wollen wir eine ganzheitliche Wertsteigerung anstreben, müssen wir dies berücksichtigen und unseren Körper, unsere Kleidung und unsere Requisiten genauso optimieren wie unseren Charakter und unseren Geist. Erst dann sprechen wir von einer ganzheitlichen Wertsteigerung.

Dieses Buch ist für Menschen gedacht, die wertvoll sind oder ihrer Persönlichkeit mehr Wert zusprechen wollen. Für die Menschen, die wissen, dass sie Talente und Fähigkeiten und Ziele haben, die Potenzial haben und es endlich nutzen möchten. Für Menschen, die Verantwortung für sich und ihr Leben übernehmen möchten, die ernstgenommen werden möchten.

Denn du alleine bist verantwortlich für das, was du aus deinem Leben machst. Du gestaltest deine

Wohnung, du gestaltest deinen Beruf, du gestaltest dein Umfeld und – du gestaltest stets dich selbst. *Wir sind die Gestalter unseres Lebens.*

Benjamin Ziegler

Nimm' dir Zeit, setze dich einmal bewusst bequem hin und denke über dich und dein Leben nach: Wofür übernimmst du Verantwortung? Was hast du bewusst in deinem Leben verändert, welche Ziele hast du? Je besser du dein Leben reflektieren kannst, desto reifer bist du.

Die Wertsteigerung wird begleitet durch das Ich-Bewusstsein und Selbst-Erkenntnis: Erst, wenn du wirklich weißt, wie du dein Leben gerade führst, kannst du die Türen für neue Wege öffnen. Diese Selbst-Erkenntnis und das Ich-Bewusstsein sowie die stetige Selbstreflektion bildet das Fundament der wirklichen, echten Wertsteigerung. In Kombination mit deinen Zielen erreichst du so den inneren Aufstieg.

Mir ist wichtig, dass du sympathisch erfolgreich wirst: Du wirst keine Ellbogen-Strategie anwenden, nicht mit Rasierklingen um dich werfen oder andere kleinmachen. In diesem Buch lernst du, wie du umsichtig, rücksichtsvoll und sympathisch aus deinem Inneren zur Wertsteigerung kommst. Behalte deshalb stets die Zukunft im Blick: Es ist egal, wie du vorher warst – du kannst die Vergangenheit schließlich nicht ändern, aber deine eigene Zukunft gestalten und deinen inneren als auch äußeren Menschen intensiv kennenlernen.

Im folgenden Buch werden wir uns somit mit den inneren und äußeren Werten beschäftigen. Dabei setzen wir frühzeitig an: Was hat der Urknall mit der äußeren humanen Wertsteigerung zu tun? Welche Rolle spielt die Entstehung des feinstoffliche Bereiches für unser Inneres und welche Ebenen sollten wir bei der Humanen Wertsteigerung noch berücksichtigen?

„Auf die inneren Werte kommt es an, deshalb sind die äußeren Werte jedoch nicht unwichtig."

Dieses Buch ist für dich ideal, wenn du Ziele hast, wenn du deinen inneren und äußeren Menschen kennenlernen, entdecken und optimieren möchtest.

"DU bist der wichtigste Mensch in deinem Leben."

Benjamin Ziegler

Dein Ziel kann dabei ganz unterschiedlich ausfallen:

- **Du** möchtest innerlich aufsteigen und sympathisch oder authentisch auf andere Menschen wirken?

- **Du** möchtest eine Partnerin oder Partner finden, der dir emotional beisteht und dasselbe fühlt wie du?

- **Du** bist eine Führungskraft und möchtest endlich

von deinen Mitarbeitern ernst genommen werden oder erfolgreicher sein?

- **Du** bist eine Frau und dein Selbstbewusstsein leidet, du fühlst dich unwohl in deiner Haut oder hältst dich immer zurück?

- **Du** bist ein Mann und möchtest anziehender auf Frauen wirken oder anders auftreten und dich anders präsentieren?

Ganz gleich, aus welchem Grund du deinen Wert steigern möchtest: Die Methoden, die ich dir in diesem Buch mitgebe, sind Werkzeuge der Wertsteigerung, damit du deine edlen Ziele erreichst. Du hast es dir verdient.

Wichtig ist, dass du dranbleibst: Gib' nicht auf,

wenn eine Übung mal nicht auf Anhieb funktioniert oder sich die Wertsteigerung erst langsam bei dir einstellt. Es wird auch bei dir „Klick" machen und du wirst wertvoller durch dein Leben gehen. Habe also stets Disziplin, Ausdauer und konzentriere dich auf deine Aufgaben – und vor allem auf dich. Setze dir Etappenziele, um auch kleine Erfolge voll auskosten zu können. Genieße, wie du durch die Übungen und Techniken immer wertvoller wirst und wie die Menschen in deinem Umfeld auf deine Wertsteigerung reagieren: Stück für Stück, Tag für Tag. Wertsteigerung ist eine Reise zu dir selbst. Gehen wir diesen Weg doch einfach gemeinsam.

Zu Beginn deiner Reise möchte ich, dass du dich mit dir selbst auseinandersetzt: Notiere, was dich zurzeit ausmacht; notiere deine Eigenschaften und deine Werte. Wie glaubst du, wirkst du auf andere, was sehen sie in dir?

_____

_____

_____

_____

_____

_____

_____

Zum Ende des Buches komme ich noch einmal darauf zurück. Lass' uns jetzt beginnen, deine Wertsteigerung umzusetzen.

Einleitung

Vom Urknall...

Seit dem Urknall ist das gesamte Leben auf Erden auf das Überleben ausgerichtet: Unser Selbstschutz und unsere Lernfähigkeit hat uns das Leben auf Erden gesichert und immer wieder neuen Fortschritt gebracht. Wir haben gelernt, welche Nahrung für uns am wertvollsten ist, welche Lebensmittel viele Vitamine und Mineralien enthalten, welche giftig sind und wir vermeiden sollten. Wir stellten fest, dass tiefe und kräftige Farben bei natürlichen Lebensmitteln wie Äpfeln auf erhöhte Vitamin- und Nährstoffwerte hinweisen und glänzende Früchte nach dem Waschen als sauber gelten. Diese Prämisse gilt auch heute noch: Was glänzt, was im wahrsten Sinne Ausstrahlung hat, ist uns sympathisch, dort greifen wir eher zu. Wir lernten außerdem, wie wir miteinander kommunizieren können, wie wir jagen, wie wir überleben.

Die Paarung sicherte das Überleben der Menschen: Hierbei spielt die Frau auch heute noch eine bedeutende Rolle, denn ohne sie wäre ein Fortbestand der menschlichen Gattung nicht möglich. Der Mann hingegen sorgte für Nahrung, für Schutz und

Sicherheit. Alles hatte seinen Zweck und jeder Part, jeder Mensch dieser frühzeitlichen Gemeinschaft hatte einen Wert, welchem er sich stets bewusst war.

Dieser Wert ist also schon immer etwas Positives – und dieser Wert lässt sich durch verschiedene Maßnahmen wesentlich steigern.

Auch heute noch gilt dieses Prinzip der Wertsteigerung: Der Mann steigert seinen Status, seinen Ausdruck, seine Kraft, um erfolgreich überleben zu können und für Frauen attraktiv zu sein. Die Wertsteigerung der Frau hingegen zielt auf die Reproduktion ab: Ein gepflegtes Äußeres zieht Männer an und sichert so Nachkommen.

Inzwischen hat sich dieses Denken jedoch – glücklicherweise – verschoben bzw. deckt einen wesentlich größeren Bereich ab. Die Bereicherung dieser Werte ist durch den Einfluss unserer modernen Welt heutzutage viel komplexer als noch vor Jahrhunderten. Die Basis der Wertsteigerung besteht jedoch weiterhin: Sie setzt sich beim Mann zusammen aus Kraft, ideellen und materiellen Statussymbolen, Körpersprache und Gesten, Intelligenz und Artikulation. Bei der Frau basiert der Wert auf ihrer Weiblichkeit, ihrer Femininität, ihrer Symmetrie, ihrer Freundlichkeit und einer hohen Stimme sowie Charisma.

Im Wesentlichen hat sich also nicht viel verändert: Es geht kurz gesagt um Nahrung, Sex und Entertainment. Das sind die Bedürfnisse, die der Mensch gestillt haben möchte, um sich gut und angenommen zu fühlen.

Diese untere Bedürfniserfüllung basiert auf Grobstofflichkeit. Daher sehen geistig orientierte Menschen die Nahrung lediglich als Mittel zum Zweck an, um den Körper mit seinen Funktionen aufrechtzuerhalten oder sich selbst durch eine gewissenhafte Nahrungsauswahl zu optimieren.

„Was wachsen soll, benötigt Nahrung: der Körper genauso wie die Seele und der Geist. Nur ist die Nahrung anders definiert: Bei der Seele sind es Sinneseindrücke und beim Geist der Intellekt."

Diese Regel berücksichtigen wir bei allen Prinzipien der Wertsteigerung, die folgen.

... und der Entstehung des Feinstofflichen

Vom Urknall geht es über den grobstofflichen, äußeren Wertebereich zum feinstofflichen, astralen Bereich. Auch hierbei gelten die gleichen Prinzipien wie oben beschrieben: So wie im grobstofflichen Bereich die optische Reinheit, die glänzende Sauberkeit und Statusmerkmale im Fokus stehen, bzw. Reproduktionswerte für unseren Wert sorgen, ist es im feinstofflichen Bereich die Aura, die jeden Menschen umgibt. Die Aura des Menschen mit all' seinen ausdrucksstarken Farben ist wie auf der grobstofflichen Ebene der Körper.

Heutzutage nutzen wir vor allem Kleidung und Statussymbole, um unsere Aura zu betonen und zu unterstützen. Unsere Wahl der Kleidung und unsere Statussymbole können wir mit unseren seelisch-geistigen Fähigkeiten in Verbindung bringen: Je reiner die Aura des Menschen ist, desto wertvoller ist er auf astraler Ebene. Dem schließen sich die persönlichen Fähigkeiten an, sodass schließlich ein vollendeter Mensch mit seinem ganz eigenen persönlichem Wert entsteht.

„Jeder erfolgreiche Mensch wird durch die Nutzung seiner Talente und Fähigkeiten zu Erfolg kommen und macht sich wertvoll durch seine Trainings."

Benjamin Ziegler

Grundsätzliches zur Wertsteigerung

Stell' dir vor, du seist ein Kirschenverkäufer auf dem örtlichen Markt. Du gibst ihnen einen besonderen Namen und betonst so eine Besonderheit, die nur deine Kirschen haben. Diesen Namen sprichst du vor deinen Kunden auch besonders betont aus. Deine Kirschen werden dadurch automatisch zu speziellen Kirschen, zu „DEN" Kirschen, die jeder probieren muss, denn schließlich sind sie besonders. Mit diesem Wissen kannst du auch gleichzeitig den Preis anpassen und so die Nachfrage steigern: Was etwas kostet ist auch etwas wert – was nichts kostet, ist nichts wert. Im Grunde ist eine Wertsteigerung so einfach.

Auch bei dir als Mensch kann diese Wertsteigerung erreicht werden: Einzig und allein durch Sprache, durch dein Auftreten, durch deinen Namen und wie du ihn aussprichst. Du bist dann bspw. nicht mehr einfach nur der „Müller", sondern „DER HERR

MÜLLER" - und schon wirkst du anders als andere Menschen.

Ein weiteres Beispiel ist das musikalische Example eines Gitarristen bzw. Musikers:

Ein ausgezeichneter Gitarrist steigert seinen Wert besonders, wenn er bei seinem Auftritt zu Beginn chaotisch und disharmonisch spielt. Anschließend folgt ein kurzer Break, also eine Pause und sobald er wieder ansetzt, spielt er so melodisch und klar wie ein echter Profimusiker. Der Wert des Gitarristen ist in diesem Moment um ein Vielfaches gestiegen, denn er hat das Prinzip des Kontrastes angewendet: Als Mensch vergleichen wir ständig zwischen gut und schlecht.

Trifft unser Bewusstsein also erst auf etwas Schlechtes und direkt danach auf etwas Gutes, finden wir das Gute sofort wesentlich besser als es vielleicht eigentlich ist. So steigern wir auch unseren humanen Wert im Alltag, doch das Thema der Kontraste ist sehr umfangreich.

Das Fundament der Wertsteigerung

Das Fundament der Wertsteigerung bildet sich aus den folgenden drei Prinzipien:

1. Sei das, was du wirklich bist

Dadurch kann dein Umfeld, also deine Mitmenschen, den Ist-Zustand sehen und erkennen, was dich und deine Persönlichkeit ausmacht und wo dein Potential und deine Fähigkeiten liegen. Das sind deine wahren Werte.

2. Dein Ziel

Die Frage nach deinem Ziel solltest du vor Beginn des Prozesses deiner Wertsteigerung beantworten können, damit du genau weißt, warum du deinen Wert steigerst. Möchtest du lediglich einen vorübergehenden Effekt erreiche, um dich einfach wohler zu fühlen? Oder strebst du eine ganzheitliche Wertsteigerung deines Körper, deines Geistes und deiner Seele an? Zielst du primär auf beruflichen Erfolg ab oder möchtest du auf das andere Geschlecht einfach attraktiver und anziehender wirken?

3. Sei bereit, etwas dafür zu tun

Ganz gleich, welche Gründe deinem Ziel zugrunde liegen: Wichtig ist, dass du dich traust, die Schritte dahin zu gehen und an dir zu arbeiten, um deinen Wert nachhaltig zu steigern.

Die Säulen der Wertsteigerung

1. Energie

Ohne Energie kann nichts existieren: Sie ist so essentiell und notwendig wie Wasser oder Sauerstoff und unser Antrieb. Deshalb achte stets darauf, genug Energie zu haben, um deine Wertsteigerung bewusst anzugehen. Ein leichter Überschuss an Energie ist besser als träge zu sein. Zuviel Energie lässt dich allerdings euphorisch werden und du kommst auf eine andere Ebene, die deinem Bewusstsein für dich selbst nicht mehr gut tut. Achte daher auf ein harmonisches Gleichgewicht und wenn du merkst, dass du träge wirst oder zu viel Energie hast, finde einen Ausgleich wie Sport oder Entspannung – je nachdem.

2. Selbstschutz

Wenn du wachsen möchtest, musst du dich vor äußeren Einflüssen und negativen Werten schützen. Was wachsen will, braucht neben der richtigen Nahrung für den Körper, den Geist und die Seele auch Selbstschutz. Negative Einflüsse manipulieren dich und lenken dich vom Fokus ab: Im Fokus stehst du und deine Wertsteigerung. Versuche dich also, von Stress zu lösen und negative Gedanken nicht zuzulassen.

3. Sauberkeit und Reinheit

Wie oben erwähnt ist es wichtig, sich selber gut zu fühlen und zu „glänzen". Wer sich nach außen hin gut fühlt, fühlt sich auch im feinstofflichen, inneren Bereich wohl. Deshalb: Kleidung, in der du dich wohlfühlst, Kleidung, die deinen Charakter unterstreicht, Kleidung, die modern und ordentlich ist. Gewaschene Haare und saubere Fingernägel sollten ebenfalls selbstverständlich sein.

4. Ordnung

Nur wenn in dir und um dich herum Ordnung herrscht, ist auch deine persönliche Wertsteigerung geordnet. Das Universum liebt Ordnung und geregelte Strukturen: Mach es dir also einfach und trenne dich von unnützem Zeug und Dingen, die dich belasten.

5. Symmetrie und goldener Schnitt

Die Symmetrie und der goldene Schnitt begleitet dich bereits das ganze Leben: Dein Gesicht ist annähernd symmetrisch, deine Körperhälften sind normalerweise identisch aufgebaut und auch in der Natur findet sich viel Symmetrie (Baumblätter/ Schmetterlinge...). Nach innerer und äußerer Symmetrie und somit nach

Balance zu streben, ist also ein ganz natürlicher Prozess.

Warum ist ein Diamant zum Beispiel so wertvoll? Weil wir die Qualität, die er in sich trägt, durch den Feinschliff herausfiltern und verdeutlichen.

Genauso ist es auch bei uns Menschen: Wir sind Diamanten, die nur einen Feinschliff benötigen, um strahlen und leuchten zu können. Unser Feinschliff ist die Wertsteigerung, unser Strahlen der persönliche Aufstieg.

Der innere und äußere Mensch

Bereits bei der ersten Begegnung mit einem anderen Menschen kannst du feststellen, ob der Mensch nach außen oder nach innen werteorientiert ist.

Legt er zum Beispiel Wert auf einen optisch guten Eindruck oder scheint es ihm gleichgültig zu sein, welche Außenwirkung er durch seine Kleidung hervorruft? Auch an der Sprache und Artikulation erkennst du seine Orientierung: Spricht er vermehrt über sein Äußeres, also wie er optisch aussieht, wie und womit er sich geschminkt hat, lenkt er deine Blicke vielleicht gezielt auf sein Äußeres? Oder spricht er eher darüber, wie er sich fühlt, wie seine inneren Gedanken zu verschiedenen Themen sind, was ihn glücklich oder traurig macht?

Du stellst dadurch schnell fest, ob dein Gegenüber mehr an den äußeren Werten interessiert ist oder ob er mehr Wert auf seine innere Ebene legt.

Häufig stellst du das Maß des Aufstiegs bzw. die Wertsteigerung auch an der inneren und äußeren

Art deines Gegenübers fest: Je höher du aufsteigst, je höher dein Wert ist, umso freundlicher musst du sein. Diese Freundlichkeit geht mit der Veredelung deines Ichs einher. Achte außerdem darauf, nicht mit deinem Aufstieg zu prahlen oder dich damit in den Mittelpunkt drängen zu wollen. Der innere als auch äußere Aufstieg, die Wertsteigerung, geschieht für dich im Stillen, mit viel Wissen, Weisheit und Schweigen.

Innere Wertsteigerung

Äußere Werte machen dich als Menschen nicht glücklich: Mit Geld kannst du dir viel kaufen, aber Glück ist immateriell und hängt von vielen, unterschiedlichen Aspekten ab, die Äußeres, Materielles nicht bedienen können. Vielleicht erscheinst du durch dein äußeres Erscheinungsbild glücklich und zufrieden, doch in deinem inneren Menschen kann es dunkel und unruhig sein: Geld macht nicht glücklich, heißt es und im Prozess der Wertsteigerung wird es dir sicher immer mehr bewusst, dass wahres Glück und Zufriedenheit von innen heraus kommen muss.

Wachse durch dich selbst

Um Erfolg zu haben, braucht es nicht nur die vorher angesprochenen Dinge, sondern auch Erfolgsmomente. Halte daher stets Ausschau nach diesen Momenten bzw. Situationen, die dir gut tun und aus denen du ganz persönlich für dich einen Erfolgsmoment ziehen kannst: Jeder Moment kräftigt deinen inneren Aufstieg, gibt dir ein gutes Gefühl und macht dich nicht nur wertvoller, sondern auch erfolgreicher. Lerne, nach Erfolgen zu streben, nach kleinen Erfolgsmomenten und dein innerer Aufstieg ist dir gewiss.

Der Unterschied zwischen erfolgreichen Menschen und Versagern liegt nämlich genau darin: Menschen, die wenig bis gar keine Erfolgsmomente haben, streben automatisch auch nicht danach. Sie kennen das Glücksgefühl nicht – im Gegensatz zu dir. Notiere doch einmal:

Welche Vorbilder hast du? Welche Erfolgsmomente hattest du in den letzten sechs Monaten? Was soll dein nächstes Ziel, dein nächster Erfolgsmoment sein? Kleiner Tipp: Mache doch das nächste Mal einfach mal eine persönliche Erfolgspose oder überlege dir einen bestimmten Satz oder ein bestimmtes Wort, dass dir noch einmal verdeutlicht, dass du gerade Erfolg hattest – bspw. nach einem gelungenen Gespräch oder nach einer besonderen Leistung.

Was sind deine Erfolgsmomente?
Welche Erfolgsmomente möchtest du haben?

_____

_____

_____

_____

_____

Bist du im Inneren glücklich, kannst du dein äußeres Glück, dein materielles Glück, auch wesentlich besser genießen.

Persönlichkeits- und Charaktertraining

„Ein Vorbild zu sein, ist eine stark wirkende Wertsteigerung."

Die einzig wahre Wertsteigerung kommt von innen. Dadurch erzielt sie hier auch die meiste Wirkung und beeinflusst dich und deine Persönlichkeit von innen heraus, was wiederum automatisch einen Einfluss auf dein Äußeres nimmt. Was bringt dir eine ausdrucksstarke, wertvolle Farbe, wenn du sie durch deine Persönlichkeit nicht ausstrahlst, sondern sie versteckst oder in dir vergräbst? Wie kannst du eine positive Ausstrahlung erreichen, wie kann dein Wert hoch sein, wenn deine Persönlichkeit wiederum negativ auf andere einwirkt?

Wie du siehst, ist es wichtig, beides zu trainieren: dein inneres Ich als auch dein äußeres Ich, damit beide Ebenen harmonisch miteinander agieren und dadurch gemeinsam auf authentische Weise deinen Wert steigern.

Persönlichkeits-Selbst-Analyse:
Wie wirkt mein ICH eigentlich auf andere Menschen?

Charakter-Selbst-Analyse:

Wie wirkt meine AUSSTRAHLUNG auf andere Menschen?

Um das herauszufinden, nutzt du einen ganz einfachen Trick: Nimm' dich per Video verbal und nonverbal auf und schaue dir das Video hinterher an. Was fällt dir auf? Wie ist deine Mimik? Wie wirkt deine Stimme? Welche Gesten machst du? Anschließend vergleichst du deinen kleinen Film bzw. deine kleinen Filme mit dem Auftreten von charismatischen, wertvollen Personen: Wie agieren sie, wenn sie auf andere Menschen positiv wirken wollen?

Nimm' dich anschließend wieder selbst auf und probiere, dir das Charisma und die Ausstrahlung anzueignen. Manchmal braucht es ein paar Versuche. Gib' nicht auf. Es wird immer leichter, je öfter du versuchst, zu wachsen.

Du kannst deine innere Wertsteigerung nämlich mit dem inneren Aufstieg verbinden, um ein höheres Bewusstsein zu erlangen und durch Veredlung deines Wesens höhere spirituelle Ebenen zu erreichen. Denn: so wie wir auf Erden erfolgreicher werden können, so gilt dies auch für den inneren spirituellen Weg.

Innere Schulung und Training

Was du dir stets bewusst machen solltest: Aufsteigen bedeutet Unabhängigkeit – und der innere Aufstieg kann gleichzeitig nur durch Unabhängigkeit erreicht werden. Durch Unabhängigkeit steigerst du außerdem nicht nur deinen Wert, sondern eignest dir auch einen freien Geist an und kannst dich besser und vermehrt auf deinen inneren Aufstieg konzentrieren (siehe auch Thema: Gedanken kontrollieren).

Im Folgenden zeige ich dir einige Methoden, wie du Unabhängigkeit erreichst. Vorab gebe ich dir noch eine Basisinformationen über die Persönlichkeit mit auf den Weg:

- **Der Geist und seine Grundfähigkeiten**

  Dazu zählt das Ich-Bewusstsein, der eigene, freie Wille, der Verstand bzw. Intellekt, die Gefühle und der Glaube.

Auf diesen Grundfähigkeiten basieren weitere wichtige Fähigkeiten wie die natürliche Intuition, das Gedächtnis, der positive Egoismus sowie der Instinkt zur Selbsterhaltung und weitere Triebe.

Ähnlich ist es auch mit der Seele:

- **Die Seele und ihre Grundeigenschaften**

    Die Seele umfasst unsere Gefühle, die wir nach außen tragen: cholerisch, sanguinisch, melancholisch, phlegmatisch und andere Emotionen, die unser Leben und unsere Persönlichkeit beeinflussen

Eine Auflistung der vollständigen, einzelnen Bereiche wie Fleiß, Freude, Ausdauer, Durchhaltevermögen, Barmherzigkeit und andere wäre zu umfangreich, sodass es in diesem Buch vor allem um die grundsätzlichen Merkmale geht, die eine Wertsteigerung begünstigen.

Durch die Anwendung bestimmter persönlicher charakterlicher Merkmale des inneren Wesens bringen wir unsere Aura nach außen und sie wird für unsere Umgebung und andere Menschen sichtbar: Ist das geschehen, hast du die Wertsteigerung und das Maß an Charisma erreicht, das du dir als Ziel gesetzt hast.

„Die Strategien der Wertsteigerung werden für eine ganzheitliche Wertsteigerung der humanen Persönlichkeit nach außen und innen genutzt."

Benjamin Ziegler

Das Wertsteigerung-Herzens-Gebet

Jedes Mantra, jedes Gebet hat seine Effektivität. Für dieses spezielle Gebet brauchst du nur dich selbst, nur dein Inneres. Du sollst während deiner Wertsteigerung frei und unabhängig aufsteigen.

Wichtig dabei ist, dass du aus deinem spirituellen Herzen heraus betest, wiederholst und es dir wirklich bewusst wird, wie effektiv dein Gebet ist – schließlich erhältst du aus deinem Glauben heraus auch all' deine Antworten, die es für deine Wertsteigerung braucht.

So trainierst du deinen Glauben an dich selbst

Du beginnst mit einer ganz einfachen Übung: Wenn du morgens aufstehst, glaubst du ganz einfach daran, dass dich heute jemand anlächeln wird. Lenke deinen Gedanken auf diese Hoffnung und wiederhole dein Gebet innerlich immer wieder, bevor du das Haus verlässt und unter die Menschen gehst.

Wenn dein Glaube stark genug ist, wirst du sicherlich jemanden treffen, der dich tatsächlich anlächelt. Ist diese Übung also gelungen, lenke dein Gebet und deinen Glauben auf eine andere Sache, die du in deinen Alltag integrieren kannst. Mit jeder Bestätigung, mit jedem Gedanken, der sich bewahrheitet und eintritt, wächst dein Glaube an. Alternativ kannst du es auch mit einer Affirmation probieren bzw. mit einem Mantra wie: Mein Glaube wächst von Tag zu Tag, mein Glaube ist stark.

Die zweite Übung ist etwas umfangreicher: Da der Mensch die Fähigkeit hat, sich stets veredeln zu wollen, nutzen wir die Methode des Charakter-Spiegel: Nimm' dir ein leeres Papier und schreibe all' deine positiven und negativen Charaktereigenschaften auf. Lasse zwischen den Attributen ein wenig Platz. Für solche Übungen eignet sich ein spezielles Notizbuch, das dich auf deinem Weg zur Wertsteigerung unterstützt, besonders gut.

Solltest du nicht genau wissen, ob ein bestimmtes Charaktermerkmal von dir eher negativ oder positiv ist, dann schreibe es in die Mitte oder auf eine separate Seite. Traue dich ruhig, tief in dich zu gehen und in dich hineinzufühlen, welche Persönlichkeitseigenschaften dich zum jetzigen Zeitpunkt konkret ausmachen.

Falls dir im Alltag noch weitere Charaktereigenschaften auffallen, die du noch nicht aufgeschrieben hast, kannst du sie auch später hinzufügen. Wichtig ist, dass du überhaupt beginnst. Bringe all' diese Eigenschaften in eine Liste: Was ist das negativste Merkmal deines Charakters und schreibe anschließend auf, was das positive Gegenteil davon ist. Das machst du mit jedem persönlichen Merkmal. Du führst also eine Negativ-> Positiv- Transformation durch.

Ein Beispiel wäre:

Negative Eigenschaft: Unordentlich
Positive Eigenschaft: Ordentlich

oder

Negative Eigenschaft: Ungeduldig
Positive Eigenschaft: Geduldig

Wichtig bei dieser Übung ist, dass du sie in einem ruhigen Moment durchführst und voll bei dir selbst bist. Ein Einfluss von außen könnte dein Inneres beeinflussen. Durch deinen eigenen Willen und Suggestion schaffst du es sicher, jedes negative Merkmal in ein positives Merkmal umzuwandeln.

Eine weitere Möglichkeit ist, dass du beim täglichen Duschen alles Negative ganz bewusst von dir abstreifst und dir beim Abtrocknen positive Eigenschaften aneignest.

Licht-Arbeit

Die innere Sprache besteht aus Farben und Symbolen: Jeder Farbton hat eine Bedeutung und wird gemeinsam mit einem Symbol verwendet, um zu kommunizieren. Darin liegt auch das Geheimnis des natürlichen Wortes: Jeder Buchstabe hatte ursprünglich eine Farbe und eine Schwingung, die im Bewusstsein des „ICH BIN..." ausgesprochen wurde und die Persönlichkeit formte.

Grundübung mit Licht

Nimm' eine komfortable, störungsfreie Position ein, so, dass du dich wohlfühlst und ohne Beeinflussung von außen. Du musst bei dieser Übung nicht sitzen, sondern kannst auch stehen oder dich hinlegen. Betrachte nun einen Gegenstand wie einen Stock, einen Ast, herumliegendes Besteck, ein Glas oder ein Buch und schließe dann deine Augen.

Nun stelle dir vor deinem geistigen Auge ganz bewusst diesen Gegenstand vor: Wie sah er aus? Welche Eigenschaften hatte er, welche Farben, welche Form? Mache diese Übung solange, bis du dazu fähig bist, den Gegenstand vor deinem inneren Auge genau abzubilden und längerfristig zu halten. Wenn du das schaffst, nutzen wir die Licht-Arbeit: Stelle dir ein weißes Licht in der Luft vor dir vor und fülle sie mit der Zeit mit Farben, hellen Farben, dunklen Farben, Farben, die ineinander fließen. Durch noch mehr Bewusstsein und Konzentration kannst du schließlich auch versuchen, Strukturen und Imprägnierungen vorzunehmen.

Strahlkraft-Training für deine Augen

Für das Augentraining benötigst du eine Schüssel mit sauberem Wasser. Halte deinen Kopf hinein und rolle deine Augen im Kreis. Wiederhole diesen Vorgang bis zu sieben Mal. Da Wasser magnetische Eigenschaften hat und auf Schwingungen reagiert, die unsere Augen wiederum dabei unterstützen zu entspannen und ihr Potential zu entfalten, können wir es magnetisieren bzw. imprägnieren: Dazu nutzt du die Bestrahlung durch schöne, sphärische, schwingende Musik. Halte deine Hände schließlich auch mit über das Wasser, bringe so Energie mit hinein und sei stets konzentriert, damit du deinen Wunsch mit in das Wasserbad integrieren kannst.

In dieser Übung geht es vor allem darum, dass du

deine Augen entspannst. Konzentriere dich nach dem Bad im Wasser mit deinen Augen auf einen bestimmten Punkt und verharre dort, ohne mit den Wimpern zu zucken oder dich ablenken zu lassen. Entscheide selbst bzw. fühle selbst in dich hinein, wie lang du diese Übung machen möchtest. Sie stärkt nicht nur die Strahlkraft deiner Augen, sondern auch deine Suggestivkraft beim Sprechen und damit auch deinen Wert.

In sich selbst ruhen

Ein innerlicher Aufstieg benötigt stets einen Anker, an dem du dich festhalten kannst und der dir in Erinnerung ruft, wer du eigentlich bist: Dieses Prinzip wird als Positives Inneres Fühlen oder das Wahre In Sich Selbst Ruhen genannt.

Schließe deine Augen und hebe deine Hand in die Luft. Ganz locker, ganz entspannt. Frage dich jetzt selbst, woher du eigentlich weißt, dass deine Hand noch da ist – schließlich siehst du sie nicht mehr. Falls deine Gedanken in dieser Übung zu stark werden, nutze die Zeit zwischen dem Ein- und Ausatmen für einen Moment der Stille, für die erlernte Gedankenleere.

In diesem Moment, in dieser Zeit zwischen dem Ein- und Ausatmen kannst du nicht denken – nutze genau diese Zeit, um in die Stille einzutauchen und sie bewusst wahrzunehmen. Gerade, wenn du etwas nicht an dich heranlassen möchtest, kannst du diesen Moment der Stille dafür nutzen, um dich davon zu lösen.

In der Humanen Wertsteigerung kommt der edelste Gedanke immer von uns selbst, aus uns selber heraus und eben nicht durch einen äußeren Einfluss: Die reinste Idee ist unsere eigene, der reinste Gedanke ist unser eigener und der älteste, weiseste Ratschlag ist der, den wir uns selbst geben.

Nach diesem Moment der tiefen Stille fühle wieder in deine Hand hinein, bis du eine sanfte Energie fühlst und sie dich durchströmt. Ruhe in dir – und die Energie wird fließen.

Drei Stufen-Meditation

Meditation ist eine gute Möglichkeit, um sich selbst zu finden, sein Inneres kennenzulernen und sich vom Äußeren für kurze Momente zu lösen.

Ich stellte zum Beispiel noch vor meinem Studium

und meiner Reise mit dem Rucksack fest, wie gut mir regelmäßige Meditation tat: Ich kam zur Ruhe, floh aus dem stressigen Alltag und konnte etwas Abstand zum Stress finden. Mit der Zeit absolvierte ich meine eigene Meditationstechnik und möchte, dass auch du davon profitierst.

Meine Meditationstechnik besteht aus einem Drei-Stufen-Modell. Sie soll dir innere Ruhe schenken und dir beibringen, wie du in eine tiefe, innere Stille hinein tauchst – in deine eigene, tiefe Stille.

Mein Lieblingsplatz zum Meditieren war ein Baum: Die frische Luft, das Rauschen der Blätter, ab und zu das ruhige Gezwitscher der Vögel. All' das trug dazu bei, dass ich in mir ruhen konnte – so paradox wie es auch klingt.

Durch diese Meditation bin ich in einen Zustand der Nicht-Existenz gekommen. Du kennst es vielleicht selbst: Bei der Meditation hilft es oft, die Augen zu schließen. Trotzdem beeinflussen externe Geräusche, Vibrationen und Lichteinflüsse deine Wahrnehmung. Du existierst, du nimmst wahr, du bist noch erdverbunden.

Bei mir war es in diesem Moment anders. Alles um mich herum hat aufgehört zu existieren. Es gab weder Zeit noch Raum, weder das Rauschen der Blätter noch Veränderungen des Lichts. Ich war völlig frei und losgelöst. Ein wunderbares Gefühl der Unabhängigkeit durchströmte mich.

Mein Körper entschied sich, die Augen zu öffnen und aufzustehen. In diesem Moment wurde mir bewusst, dass der Körper unabhängig sein möchte

und danach strebt, Aktionen eigenständig durchzu-
führen. Der Körper, der Geist und die Seele haben
den Anspruch, ihren Wert zu steigern. Unsere Aufgabe ist es, diese Wertsteigerung anzunehmen und
sie in Einklang zu bringen – nur so erreichen wir
auch Erfolg.

Die Meditationsübung

Schließe deine Augen und nimm' ausschließlich
deine Gedanken wahr, die sich in deinem Kopf be-
finden. Lass' einfach alles an Gedanken und inneren Momenten kommen und gehen, sei der Beob-
achter, beeinflusse sie nicht selbst. Sieh' es dir an
oder fühle es, was in deinem Kopf passiert. Jeder
Atemzug kann etwas Neues geschehen lassen –
oder bleibt ein und derselbe Gedanke bei dir?

Erzeuge nun eine Gedankenleere. Schiebe deine Gedanken einfach beiseite, lasse sie frei, lasse sie einfach gehen. Atme ruhig weiter und nimm' die Stille wahr, die zwischen deinen Atemzügen herrscht. Wir haben diesen Moment bereits weiter oben in der Gedankenbeherrschung kennengelernt – setze ihn jetzt um und tauche in diese Stille zwischen jedem Ein- und Ausatmen ein.

Sobald du diese Stille wahrnimmst, spüre, fühle, wie die Energie sich in deinem Körper ausbreitet. Führe deine Hand ein wenig nach oben und leite die Energie durch sie hindurch. Fühle deinen Körper aus dem Inneren heraus, ruhe in dir selbst und spüre, welche Energie dein Körper einnimmt. Denke an nichts, behalte die Gedankenleere und lasse die Energie einfach fließen.

Diese Meditation macht dich jeden Tag auf ein Neues frisch, lebendig und mutig. Du erkennst, wer du
bist und welche innere Energie dich durch den Tag
bringt. Mein Tipp: Starte jeden Tag mit dieser Meditation und freue dich anschließend darauf, deinen Tag wertvoll zu bestreiten. Du bist wichtig – du
bist die Hauptperson und du bist der Einzige, der
sein Leben in die Hand nehmen kann.

Äußere Wertsteigerung

Vorab: Nutze Checklisten, um dich und dein Äußeres stets zu überprüfen. Wie wirken deine Augen,
bevor du das Haus verlässt? Wie sitzt die Frisur –
und wie ist es nach einigen Stunden in der Öffentlichkeit? Halte diesen Verlauf tageweise oder wo-
chenweise fest. Ändert sich etwas an deinem Gang

bzw. Auftreten?Mit einer Checkliste überprüfst du, ob du auf dem richtigen Weg bist und hast immer einen Überblick darüber, wo du gerade stehst und welche Veränderungen es bereits gibt. Diese Checkliste muss nicht nur auf dein Äußeres bezogen sein:

Folgende Aspekte sollte sie enthalten:

- Kleidung
- Frisur
- Blick
- Ausstrahlung
- Sprache
- Stimme

Du kannst sie natürlich noch um weitere Aspekte erweitern.

Körpersprache, Gesten, Stimme

„Die Sprache, die Stimme und die Artikulation zeigt unseren Wert, die Rhetorik ist unser Werkzeug."

Benjamin Ziegler

Wenn du sprichst, zeigst du verbal deinen Wert. Durch die abgestimmte Tonlage – je nach Situation - erzeugst du eine Melodie und entfaltest die Wirkung. Alles, was du sagst, ist ähnlich eines Liedtextes oder Songs: Auch dieser zeigt sein Potential erst dann, wenn er eine Melodie bekommt. Dadurch steigert das Lied seinen Wert. Und genauso kann auch das, was du sagst und wie du es sagst, ein Instrument dafür sein, wie du deinen Wert steigerst und wächst.

„Die Körpersprache, die erfolgreich und wertvoller macht, muss grundsätzlich erst einmal erlernt werden. Die Körpersprache bringt das Innere zum Ausdruck. Durch Kenntnis und durch Training können wir unsere Gestiken wie ein Werkzeug einsetzen."

Benjamin Ziegler

Menschen mit hohem Status setzen dabei grundsätzlich eher auf kleine, ruhige, stille Gesten. Sie vermeiden hektische und übertriebene Gesten und strahlen dadurch Ruhe, Autorität und Distanz aus. Dasselbe Prinzip wenden sie auch bei Blicken und Beobachtungen an: Mit Ruhe und Bedacht analysieren sie Situationen und Räume, bevor sie tätig werden – ganz nach dem Motto: Ich bin im Hier und Jetzt.

Mein Tipp für dich: Wenn du sprichst, dann schaue deinem Gegenüber das nächste Mal nicht in die Augen (denn dadurch springt dein Blick unweigerlich hin und her und wirkt dadurch unsicher), sondern zwischen seine Augenbrauen. Damit steigerst du deine Suggestivkraft, denn dein Gesprächspartner hat das Gefühl, dass du ihm gleichzeitig in beide Augen schaust. In Kombination mit der Sprachwertsteigerung ist diese Technik eine sehr effektive Art und Weise, um deinen Wert zu steigern und sicherer zu wirken.

Achte außerdem darauf, deinem Gegenüber auf den Mund zu schauen, während er spricht und fokussiere dich auf die Worte und Tonlage. Über die offene, zugewandte Körpersprache signalisierst du ihm dabei gleichzeitig, dass du ihm gerne und genau zuhörst.

Nonverbale Wertsteigerung

Ein Bild sagt mehr als 1000 Worte, oder? Genau dasselbe Prinzip gilt auch in der Wertsteigerung: Das was du siehst, das glaubst du und genau dort interpretierst du etwas hinein. Aber auch diese Wirkung musst du trainieren: Nach außen hin umfassen den Menschen drei Merkmale, die seine Ausstrahlung ausmachen: Sein Gang und Auftreten, seine Kleidung sowie seine Stimme. Wenn du mit jemandem von Angesicht zu Angesicht kommunizierst, wirkst du vor allem durch deine Augen, deinen Mund und deine Gestik. Nutze Spiegel, auch in deinem Alltag und nicht nur zuhause, um dich stets selbst zu hinterfragen und dein Auftreten zu optimieren: Sitzt die Kleidung noch akkurat? Wie ist dein Gang? Gewöhne dich an diese Routine und du wirst lernen, wie du dich durch minimale Veränderungen in der nonverbalen Wertsteigerung optimieren kannst.

Du als Mensch bist ein sogenanntes Augen-Tier. Das bedeutet, dass du deine Umwelt vor allem über das Sinnesorgan „Auge" wahrnimmst und weniger über deine Ohren oder deinen Tastsinn. Im Alltag begegnest du immer wieder Situationen, die beweisen, dass du ein Augen-Tier bist: Unser erster Blick nimmt die Ausstrahlung eines anderen Menschen wahr, seine Kleidung als auch seine am Körper anliegenden Gegenstände bzw. Statussymbole. Umso wichtiger also, dass du bereits auf dieser äußeren Ebene kommunizierst und dich positiv darstellst. Genau darüber bringst du deine innere

Wertsteigerung auch nach außen.

Deine nonverbale Körpersprache sollt auf einer moderaten, entspannten Körperhaltung basieren. Je nachdem, welchem Menschen du begegnest und auf welcher Ebene er dir begegnet (ist er ein innen-orientierter oder außen-orientierter Mensch?) solltest du dein nonverbales Verhalten an ihn anpassen: Wenn du feststellst, dass er mehr auf die inneren Werte achtet, dann berühre ihn weniger oder spreche nicht über seine Kleidung bzw. sein Äußeres.

„Kleider machen Leute" - diese Aussage kommt nicht von ungefähr, es ist tatsächlich so: Deine Kleidung hat einen wesentlichen Einfluss auf deinen Erfolg und auf deinen Aufstieg. So wie du dich nach außen hin darstellst, so wirst du auch empfangen und so treten die Menschen auch in Kontakt mit dir. Achte also, wie oben bereits erwähnt, darauf, immer akkurat gekleidet zu sein.

Prestige und Status

Wie wir auf Menschen wirken und welcher Status uns Menschen zuteil wird, hängt auch wesentlich davon ab, in welchem Milieu bzw. Umfeld wir uns bewegen. Zu allererst: Löse dich von Menschen, die negativ sind, die dir nur Schlechtes wollen, die immerzu nur am nörgeln oder meckern sind. Du wirst im Laufe der Wertsteigerung Menschen kennenlernen, die dir positiv gegenüber eingestellt sind, dich unterstützen und kein böses Wort verlieren. Habe grundsätzlich Kontakt zu Menschen, die dir gut tun.

Es gibt drei Typen von Menschen:

1. Nörgler
2. Neutral
3. Supporter

Du konzentrierst dich in Zukunft auf die Nummer 3: Diese Menschen glauben an dich, stehen dir beiseite und helfen dir auch aus eventuellen persönlichen Krisen heraus. Sie kräftigen dich durch ihre Art, durch ihre Existenz und gefallen deinem inneren und äußeren Menschen. Solche Menschen vom Typus Nr. 3 sind dein Motor, deine Energie für den erfolgreichen inneren Aufstieg. Filtere frühzeitig heraus, wer dir gut tut und wer dich bspw. nur ausnutzen möchte. Tritt in Kontakt mit Supportern und freunde dich mit ihnen an. Meistens haben sie sogar dieselben Werte und Überzeugungen wie du oder sind ähnlich gekleidet. Das Milieu bzw. das Umfeld, in dem du dich aufhältst, sagt viel über dich und deinen Status in der Gesellschaft aus. Achte also darauf, mit wem du dich triffst und wen du in Zukunft Freund nennst.

Im Rahmen der Wertsteigerung schreibst du dir selbst ein hohes Maß an Ausstrahlung, Prestige und Status zu. Du kommunizierst immer: Durch deine Kleidung, durch deine Statussymbole, durch deine Gestik und Mimik – kurz gesagt: durch dein äußeres Erscheinungsbild. Schmuck oder Markenkleidung wirkt dabei zum Beispiel besonders elitär. Kleidung an sich ist bereits Status: Fremden Personen, die akkurat und edel gekleidet sind, vertrauen wir mehr als Menschen, die keine Markenkleidung oder ausgewaschene Kleidung tragen. Diese Wirkung durch Kleidung wird auch "Prestige Suggestion" genannt. Mitarbeiter in Unternehmen hören beispielsweise eher auf Befehle, wenn sie von einem Anzugträger gegeben werden als von einer ähnlich aussehenden Person in Arbeitsjacke oder Blaumann.

Geschäftspersonen gehen meist einen Schritt weiter: Sie zeigen durch kleine Statussymbole wie Uhren, Sonnenbrillen, Schuhe oder auch teurem Schmuck oder Manschettenknöpfen, welchen Status sie haben. Als Außenstehender vermutest du somit automatisch, dass sie einen hohen Einfluss haben, Reichtum und Macht besitzen und hoch gebildet sind.

Auch bei gehobenen Events lässt sich beobachten,

dass wertvolle Personen auffälliger gekleidet sind und sich somit vom Rest der Menschen um sie herum abheben: Queen Elizabeth ist stets so gekleidet, dass sie gut zu sehen ist. Das liegt nicht daran, dass sie einfach nur gut für die breite Masse aussehen möchte, sondern hat auch praktische Gründe: Wenn Gefahr vorhanden ist, weiß jeder Security sofort, wen sie schützen müssen. Auch bei Politikern ist dieses Verhalten zu erkennen. Achte in Zukunft darauf und sei grundsätzlich lieber over- als underdressed.

Zu deiner äußeren Gesamterscheinung gehört auch deine Frisur. Sie zeigt, welchem Milieu, welcher sozialen Schicht du angehörig bist: Ein Scheitel gilt beispielsweise als eine Art Business-Frisur, kurze Haare als modern und trendy, lange Haare als eher locker und ein Zopf als streng und autoritär. Eine

Punker-Frisur wie zum Beispiel ein Irokese deutet auf einen entspannten Menschen hin, der es mit den Regeln und Gesetzen nicht so ernst meint.

Auch die Haarfarbe als auch das Make-Up tragen einen großen Anteil daran, wie wir gesehen werden. Auch deine Wohngegend, dein persönliches Umfeld, dein Auto und deine Einrichtung spielen eine Rolle im Bezug auf deine Außenwirkung.

Wie hältst du eigentlich dein Smartphone? Hältst du deinen Kopf auch nach vorne gebeugt und machst einen krummen Rücken, wie viele andere Menschen auch? Bildlich gesehen verbeugst du dich vor deinem Handy – du misst deinem Smartphone somit einen höheren Wert zu als dir selbst. Versuche doch einmal, deinen Rücken aufrecht zu lassen und das Handy direkt vor dir zu halten, auf

Augenhöhe. Diese kleine, aber wichtige Veränderung trägt nicht nur zu deiner Gesundheit bei, sondern lässt dich auch wertvoller und unabhängiger wirken. Beginne außerdem damit, einen Smartphone-Pen zu benutzen: Im Sinne der Wertsteigerung und für den persönlichen Erfolg wird vermieden, Gegenstände und Objekte zu berühren.

Als Übung: Versuche einmal, wenn du irgendwo gerade wartest oder stehst, ganz bei dir zu bleiben und dich nicht von anderen Menschen ablenken zu lassen. Stelle dich entspannt hin und reagiere einfach nicht: Lass' dich die Menschen umgehen, reagiere nicht, wenn du angesprochen wirst, gehe nicht beiseite, wenn jemand auf dich zukommt. Dieses Verhalten im Alltag unterstützt deine innere Stabilität – und somit auch deinen Status. Du kannst diese Technik auch besonders gut in Kombination mit der Augen-Methode anwenden: Fixiere dafür einfach einen bestimmten Punkt und weiche nicht von diesem ab – egal, was um dich herum geschieht.

Durch all' diese kleinen, unscheinbaren, aber wichtigen Dinge kommunizierst du auf eine nonverbale Art und Weise.

Eigenwerbung

Um uns gut darzustellen, braucht es auch oft ein wenig Eigenwerbung – kein Eigenlob. Werbung in eigener Sache zu betreiben ist eine effektive Technik, wie du deinen Wert ganz einfach steigern kannst. Wirkungsvoller und mehr Aufmerksamkeit bekommst du allerdings, wenn deine Mitmenschen für dich Werbung machen: Das Problem an der eigenen Werbung ist nämlich, dass es oft schnell in ein Prahlen und eben Angeberei oder Eigenlob abdriften kann, was du definitiv nicht möchtest.

Als Beispiel: Du bist Leistungssportler und erzählst, welche Siege und Auszeichnungen du in deinem Leben dafür bereits erlangt hast. Wenn du es selbst erzählst, wirkt es arrogant – wenn es ein anderer Mensch aus deinem Umfeld über dich erzählt, freuen sich die Menschen mit dir und machen dir Komplimente.

Bleibe stets bescheiden und lasse quasi die anderen Menschen für deinen Wert arbeiten. Übertreibe nie und halte dich mit „großen" Aussagen über dein Leben oder deine erreichten Ziele zurück. Menschen sprechen gerne über andere Menschen – gib' ihnen allerdings keine Angriffsfläche, sondern bleibe dir treu und nutze es als Wertsteigerung und deinen Weg zum Aufstieg.

Als Beispiel: Ein Bekannter, den du gerade kennengelernt hast, fragt, welchen Beruf du eigentlich ausübst. Du antwortest ganz schlicht: „Ich arbeite im Büro." - Nun entfernst du dich kurz aus der Situation und lässt einen Freund für dich deinen Wert steigern. Wie? Er wird dem Bekannten erzählen, dass du eben nicht nur im Büro arbeitest, sondern ein Unternehmen mit 100 Angestellten führst und betonen, wie bescheiden du eigentlich immer noch bist.

Wenn du jetzt wieder zurückkommst, sieht dein Bekannter dich als wesentlich wertvoller als noch vor ein paar Minuten an. Nutze für dieses Prinzip Veranstaltungen, Events und andere Möglichkeiten, um Eigenwerbung machen zu lassen.

Wertvolles in deinem Umfeld nutzen

Verbinde dich mit etwas, was bereits wertvoll ist und schon weit im Prozess der Wertsteigerung drinsteckt. Assoziiere dich, dein Inneres als auch Äußeres, mit Dingen, die zu dir passen: Du führst ein Unternehmen? Welche Werte hat dein Unternehmen, welche Philosophie? Guter Service, Freundlichkeit, eine schnelle Erledigung von Projekten? Dann verbinde dich mit qualitativen Dingen oder Leistungssport: Wie wäre es mit Schach als Assoziation für Qualität oder Flugsport mit dem Gedanken, immer weiter und höher hinaus zu wollen? Diese Technik der Wertsteigerung kannst du jedoch nicht nur auf dein Unternehmen anwenden, um es zum wachsen zu bringen, sondern auch auf dein Ich selbst.

Der Pferdesport signalisiert zum Beispiel Schnelligkeit, Gefühl und Präzision. Du kannst dich aber auch mit Vorbildern oder Prominenten, deren Einstellung und Gedanken dich überzeugen, identifizieren. sich aber auch mit Vorbildern assoziieren. Erzähle, dass du Wertpapiere besitzt oder schon einmal einem Prominenten die Hand geschüttelt hast. All' das sind wertvolle Verbindungen, die dich aufsteigen lassen.

Vielleicht bist du auch Künstler, Fotograf oder zeichnest Gemälde? Auch im privaten Umfeld kannst du diese Technik anwenden: Hast du noch Fotos von deinem letzten Urlaub? Menschen mögen Geschichten: Führe deine Geschichte weit aus, bringe Emotionen hinein, orientiere dich dabei stets an den Objekten, die auf dem Bild zu sehen sind und erzähle deine Geschichte spannend. Auch, wenn du in einem Verkaufsgespräch bist, sind Emotionen und „echte" Erzählungen interessant und steigern automatisch deinen Wert. Deine Mitmenschen hören dir durch diese Technik gerne zu.

Nutze eine ähnliche Taktik auch für die Eigenwerbung: Schaue dir deine Umgebung an. Wenn du warten musst oder dich irgendwo hinsetzen möchtest, dann wähle bspw. ein schickes Café und keine Imbissbude aus. Stelle dich neben ein Plakat, das für dich inspirierend ist oder ästhetisch wirkt. Die Menschen verbinden deinen Hintergrund mit dir: Du versinnbildlichst durch deine Umgebung genau das, wie du wirken möchtest – und zu mehr Wert zählt auch, mehr Wert in seine Umgebung und sein Umfeld zu bringen.

Wert steigern durch Auffälligkeiten

Diese Technik habe ich nicht nur selbst entwickelt, sondern auch ausgiebig getestet. Lange Zeit hatte ich das Problem, nicht frei auf Menschen zugehen zu können: Ich war zu schüchtern, habe mich nicht getraut, mit ihnen in Gespräche zu kommen oder war selbst sehr unsicher und habe mich dementsprechend stets zurückgehalten.

Kommunikation mit Menschen und besonders mit fremden Menschen erfordert zwar eine Menge Mut, trägt aber enorm viel zum persönlichen Aufstieg, zu mehr Selbstbewusstsein und zur Wertsteigerung bei. Diesen Satz verinnerlichte ich und entschied eines Tages, mich nicht mehr verstecken zu wollen, denn das hatte mein Ich nicht verdient.

So ging in die Stadt und zeigte mich: Ich ging in unterschiedliche Geschäfte hinein und stellte den Mitarbeitenden unmögliche oder lustige Fragen. Ich machte Menschen Komplimente oder stellte mich mitten in die Stadt und hielt einfach nur eine Orange hoch. Ich spürte förmlich, wie mein Selbstbewusstsein mit jeder neuen Aktion, mit jeder neuen Frage, mit jedem neuen Lächeln, das mir zurück lächelte, anstieg.

Das Bild, das wir von anderen haben, kann auch unsere eigene Wertsteigerung enorm beeinflussen.

Viele meiner Kundinnen und Kunden konnten mit dieser Technik schnelle Erfolge erzielen und fühlten sich nach jedem Gang in die Stadt wesentlich besser und direkt wertvoller: Sie legten ihre Scheu ab, auf andere Menschen zuzugehen, sie anzusprechen und mit ihnen ins Gespräch zu kommen. Ein Kunde von mir, der wirklich sehr zurückhaltend war, sagte bereits nach einer halben Stunde „Stadtgespräch", er fühle sich gerade wie ein König: Jeder würde ihm zuhören, jeder schien interessiert daran, mit ihm zu sprechen und das kenne er so gar nicht. Ein tolles Gefühl und ein weiterer Schritt in Richtung Aufstieg, mehr Wohlbefinden und persönlicher Wertsteigerung.

Dualität

Was wird unter Dualität im Sinne der Humanen Wertsteigerung verstanden? Dualität als solches ist vorhanden, wenn sich entweder etwas ähnlich is und daraus ein Wert entsteht – oder wenn eine große Menge an Individualität herrscht und die Gleichheit dadurch entsteht.

Ich möchte dir diesen Aspekt der Dualität gerne an einem Beispiel näherbringen: Stelle dir ein Blumenfeld vor. Auf diesem Blumenfeld wachsen viele gleichartige und gleichfarbige Blumen. Das Feld sieht wunderschön aus, aber es ist nicht interessant, es gibt keinen Eyecatcher, es gibt auf diesem Feld nichts, das von Wert ist, da alle Blumen gleich wirken.

Das Blumenfeld steigert seinen Wert erst durch die Unterschiedlichkeit in der Gleichheit: Sobald eine rote Blume in einem Feld voller gelber Blumen steht – oder sogar zwei rote Blumen nebeneinander zu sehen sind – wird das Feld interessant: Es hat seinen Wert gesteigert. Und auch beim Menschen ist es ähnlich: Falle auf – und du steigerst deinen Status.

Auch zwei Geschäftsmänner, die ähnlich gekleidet sind, fallen auf, wenn alle anderen bspw. nur blaue Anzüge tragen. Die beiden Geschäftsmänner in anderer Jacke fallen auf und sind dadurch direkt wertvoller. Auch, wenn alle individuell gekleidet sind, steigert das den Wert automatisch: Jeder der Anwesenden sieht, wie viel Mühe sich der Einzelne gemacht hat. Das zeugt von Kompetenz, Flexibilität und Mut.

Nutze deine Stimme

Viele Menschen nutzen ihre Stimme und das, was sie im Umgang mit anderen Menschen bewirken kann, nicht für sich. Dabei weißt du sicher selbst, dass besonders autoritäre Menschen meist wissen, was sie wollen und andere für sich arbeiten lassen: Wie du das schaffst und gleichzeitig automatisch deinen Wert steigerst? Bevor ich dir diese Frage beantworte, möchte ich dir kurz aufzeigen, welche Basis du für die Nutzung deiner Stimme benötigst:

Die deutsche Sprache umfasst über 400.000 Wörter: Im Alltag nutzen wir Menschen allerdings lediglich 4000 Wörter – ein erbärmliches Verhältnis, da die Qualität unseres Wortschatzes sehr viel zu unserem persönlichen Aufstieg beiträgt. Eine gehobene Sprache bedeutet automatisch auch einen höheren Wortschatz zu haben, womit du andere beeinflussen und beeindrucken kannst. Eine ausgewählte Wortwahl steigert somit deinen Ausdruck und deinen Status. Es wird also Zeit, dass du deinen Wortschatz aufwertest, um deine Wertsteigerung voranzubringen. Bevor ich dir also zeige, wie du deine Stimme in Gesprächen nutzen kannst, führe regelmäßig die folgende Übung durch:

Sprich' einfach mal dem Moderator im Fernsehen oder dem Radiosprecher zeitgleich nach. Wenn er spricht, sagst du genau dasselbe, was er auch sagt. Eine weitere gute Übung ist, Bücher zu lesen oder die Zeitung: Was so banal klingt, hat einen großen Einfluss auf deine Wortwahl und deinen Wortschaft. Du wirst schnell erkennen, wie gewählt deine Aussprache wird und wie sehr sich dein Wortschatz erweitert. Die Menschen, mit denen du kommunizierst, sehen dich dementsprechend als wertvoll an, denn sie lernen durch dich und hören dir gerne zu.

Grundsätzlich solltest du dir hochdeutsch aneignen. Gerade in geschäftlichen Gesprächen und bei der geschäftlichen Kommunikation wirken Dialekte oder Akzente immer ein wenig unsicher und wenig autoritär – und genau das wird in der Wertsteigerung vermieden. Dialekte ja, aber dezent: Es ist möglich, dass dein Gegenüber dich und deine Wortwahl gar nicht versteht. Übe also, deine Sprechtechnik zu verbessern. Lies' ein Buch oder einen Text laut vor oder höre anderen dabei zu, wie sie vorlesen. Achte im Alltag darauf, hochdeutsch zu sprechen und Dialekt zu vermeiden – den Dialekt kannst du unter Freunden weiterhin anwenden.

Wie du Kommunikation konkret beeinflusst

Bereits die Begrüßung und wie du einen Raum betrittst zeigt, wie wertvoll du bist und welchen Status du gerade hast. Im der humanen Wertsteigerung gibt es auch hier Regeln und Routinen im Alltag, die du lernen solltest, anzuwenden.

Kommt jemand auf dich zu, dann warte darauf, bis er dich begrüßt. Um deinen Wert zu steigern ist es wichtig, dass du abwartest – der persönliche Aufstieg hat grundsätzlich viel mit Ruhe, Geduld und Bewusstsein zu tun, also auch hier bei der Begrüßung. Derjenige, der einen höheren Wert hat, wird somit zuerst begrüßt.

97

„Wer andere lobt, macht sich selbst wertvoller und erfolgreicher."

Benjamin Ziegler

Beobachte die Situation einmal selbst oder reflektiere: Begrüßt du deinen Chef zuerst – oder er dich? Auch in der Politik ist es auffällig: Wenn zwei Politiker sich treffen – wer reicht wem zuerst die Hand? Meistens versuchen beide gleichzeitig, ihre Hand auszustrecken, um ihren Status zu verdeutlichen. Beide sind bestrebt, ihren Wert zu vertreten.

Auch in anderen Situationen des Alltags zeigt sich dieses Verhalten: Wer geht als erstes durch die Tür? Richtig – die Person mit dem niedrigeren Status. Und warum? Falls im Raum eine Gefahr lauert, ist der wertvollere Mensch dieser Gefahr nicht ausgesetzt, sondern automatisch geschützt. Wende das in Zukunft ebenfalls an, wenn du dich mit jemandem triffst.

Im Gespräch

Versuche, Befehle und Aufrufe in deine alltägliche Kommunikation zu integrieren. Sei freundlich, aber bestimmt. Du möchtest nicht niedlich sein, nicht süß, nicht „nur freundlich", sondern ausstrahlen, dass du weißt, was du willst. Vermeide es, unsichere Fragen zu stellen.

Anstatt also zu fragen:

„Würden Sie mich bitte morgen um 14 Uhr anrufen? Passt Ihnen das?",

sagst du:

„Rufen Sie mich bitte morgen um 14 Uhr an!"

Es folgt ein weiteres Beispiel für angewandte Nutzung der Stimme durch einen freundlichen, aber
bestimmten Befehl.
Anstelle von:

„Würden Sie mir bitte einen Kaffee mit Milch bringen?",

sagst du:

„Bringen Sie mir bitte einen Kaffee mit Milch."

Du wirst erkennen, dass die Menschen in deinem Umfeld ganz anders auf dich reagieren werden, dich ernst nehmen und du dich dadurch automatisch wertvoller fühlen wirst. Die Menschen beginnen, auf dich und deine Meinung zu vertrauen.

Sorge in Gesprächen außerdem für eine entspannte Atmosphäre und eine freundliche Stimmung. Stelle dich von Beginn an in die Position des Gesprächsführers. Das bedeutet:

- Du stellst die Fragen und baust ein Gespräch auf, bringst neue Themen hinein

- Gehe auf die Meinung und Ansichten deines Gegenübers ein und betone bei unterschiedlichen Meinungen die Verbindungen

- Beachte immer die Bedürfnisse deines Gesprächspartners

Die Bedürfnisse, Ideen und Wünsche deines Gegenübers basieren auf seinen Werten – und diese
kannst du für dich und deine Wertsteigerung nutzen. Wenn dir also jemand widerspricht, stimmst
du erst einmal zu und bestätigst ihn somit in seiner
Meinung. Nicke einfach nur und antworte nicht.
Das ist ein kleiner, nützlicher psychologischer
Trick: Dein Gegenüber fühlt sich von dir verstanden, er spürt, dass du ihn und seine Meinung ernst
nimmst und ist über deine Reaktion sehr erfreut –
vielleicht hat er sogar mit Widerstand bzw. Wider-
spruch gerechnet, wie es oft der Fall ist.

Nach diesem kurzen Nicken und sobald er ausgesprochen hat, übernimmst du wieder: Erläutere deinen Einwand, aber achte darauf, Verständnis für seine Ansicht zu zeigen. Dafür kannst du Aussagen wie:

- „Sie haben im Prinzip recht, dennoch..."
- „Ich stimme Ihnen da teilweise zu. Meiner Meinung nach..."
- „Das ist richtig, doch ich bin der Überzeugung..."

Durch gezielte Nachfragen zeigst du bewusst Interesse. Nutze dafür Sätze wie:

„Habe ich das richtig verstanden?"

oder

„Wie meinen Sie das genau?"

103

Im Gedächtnis bleibt übrigens stets der letzte Satz. Nutze das, um deinen Wert zu steigern und dein Vertrauen, die Sympathie und dein Interesse zu verdeutlichen.

So schaffst du während der Kommunikation eine gelungene Basis für einen wertvollen Austausch. Möchtest du zu dem Thema jedoch nicht weiter etwas sagen, dann schweige einfach oder wechsle das Thema und nehme noch kurz Bezug auf die letzte Aussage deines Gesprächspartners: „Ah, dazu fällt mir übrigens ein...". Deinem Gegenüber wird der abrupte Themenwechsel bzw. diese Vermeidungsstrategie nicht wirklich auffallen und du hast deine Position beibehalten und kannst das Gespräch wieder anleiten.

So steigerst du deine Beliebtheit

Mit den oben genannten Ratschlägen steigert sich dein persönlicher Erfolg bereits. Es gibt aber auch Taktiken und Methoden, wie du deine Beliebtheit und damit nicht nur deinen äußeren, sondern auch deinen inneren Wert bewusst und gezielt steigern kannst. Eine Strategie dafür ist die sogenannte „Schmeicheltechnik."

Zu Beginn jeder gesteigerten Beliebtheit ist es wichtig, dass andere Menschen erkennen, dass sie dir vertrauen können. Schmeichle dich also bei ihnen ein: Tu ihnen einen lapidaren Gefallen. So gewinnst du Sympathien für dich. Dein Gegenüber erkennt, dass er auf dich vertrauen kann – und wir Menschen mögen Menschen, die gerne behilflich sind. Du selbst ziehst jedoch auch einen Vorteil aus diesem Gefallen für andere: erstens steigerst du deinen Wert und gleichzeitig belohnen dich die Menschen in deinem Umfeld dafür, denn sie sehen dich direkt als wertvoll an.

Achte jedoch darauf, nicht ausgenutzt zu werden: Es kann bei dieser Taktik schnell passieren, dass du in eine Art Abhängigkeit gerätst bzw. deine Mitmenschen sich von dir abhängig machen. Übertreibe die Gefälligkeiten also nicht. Je nach Situation solltest du diese Methode somit nur als kurze, aber effektive Wertsteigerung für dich nutzen.

Wertvolle Zahlen-Codes

Auch Zahlen sind dafür bekannt, nonverbal zu kommunizieren: Die 13 gilt grundsätzlich als Unglückszahl, die 7 hingegen oft als Glückszahl. Es gibt das metrische als auch das Binärsystem und der 1. Platz wird mit Erfolg und Sieg in Verbindung gebracht. Ich zeige dir jetzt, wie du durch eine bestimmte Anwendung von Zahlen bewusst deinen Wert erhöhen kannst.

Im Alltag betreffen uns Zahlen-Codes täglich. Gehe mal mit offenen Augen durch die Stadt und vielleicht erkennst du, welche Zahlen-Codes immer wieder vorkommen und dich sowie die Passanten unterbewusst beeinflussen. Dabei sind bestimmte Zahlen stets wertvoller als andere Zahlen – und dieses Wissen kannst du in Zukunft für dich nutzen.

Besonders die 1 steht im Fokus: Die oder 1A wird mit Erfolg in Verbindung gebracht. Als Hausnummer zeigt sie, dass du ganz vorne, also an der Spit-

ze einer Straße wohnst. Auch bei Handy- oder Tele-
fonnummern an sich sind geordnete Zahlen ein In-
diz für Status, was du in deinem Unternehmen
oder privat für dich integrieren kannst. Auch Buchstaben in Kombination mit Zahlen zeigen einen
Wert an. Wie oben erwähnt ist es vor allem das A in
Verbindung mit der 1 oder das X in Verbindung mit
der 3, die einen hohen Status darstellen. Auch die
Nutzung des römischen Zahlensystems, bspw. als
Hausnummer, wirkt elitär und edel.

Zeige dich der Welt

Ich freue mich sehr darüber, dass du dich mit dir,
deinem inneren und äußeren Menschen und deiner
Wirkung so intensiv beschäftigt hast. Das Buch und
die Übungen sollen dich auch weiterhin darin unterstützen, deinen persönlichen inneren Aufstieg

zu leben.

Hast du Veränderungen festgestellt? Dann notiere sie hier und schaue dir im Vergleich noch einmal deine persönlichen Eigenschaften und Werte an, die du zu Beginn dieses Buches notiert hast. Wie sieht dich dein Umfeld jetzt?

_____

_____

_____

_____

_____

_____

_____

_____

_____

_____

Du wirst sehen, dass es Veränderungen gab. Vermutlich hast du es bereits direkt in deinem Umfeld gespürt und bewusst gemerkt, dass die Menschen anders auf dich reagieren als noch zu Beginn der Wertsteigerung. Ich freue mich, dass du dran geblieben bist, dein Ich zu optimieren.

Nutze die Übungen weiterhin, um immer wieder neu zu dir zu finden, wenn dich der Stress des Alltags überfordert oder du auf Menschen triffst, die noch einen höheren Status haben als du. Beobachte diese Menschen weiter und eigne dir ihre Verhaltensmuster an, um weiter erfolgreicher zu werden und deinen Wert stets zu steigern.

Falls du weitere, konkrete Informationen benötigst, dich noch intensiver mit deinem inneren und äußeren Menschen auseinandersetzen willst oder du durch meine persönliche Anleitung noch ein Level höhersteigen möchtest, dann nimm' meine weiterführenden Angebote in Anspruch:

Seminare

Wertsteigerung – Klassik

Innere Ruhe finden

Positives inneres Fühlen

Coaching

... für Geschäftsführer, Manager, Führungskräfte

... für Menschen auf Partnersuche

... für mehr Wohlbefinden und Erfolg im Alltag
  und Beruf

Ich freue mich auf dich und deine Geschichte und wünsche dir alles Gute auf deinem weiteren Weg.

Auf den letzten Seiten dieses Buches findest du Motivationskarten. Nutze sie für dich oder mache jemandem damit eine Freude. Steigere deinen Wert durch Aufmerksamkeiten, durch kleine Geschenke – nutze in Zukunft jede Situation, um an dir zu arbeiten und deinen inneren persönlichen Aufstieg zu erreichen.

Ich mache dich wertvoller; du bist wertvoll.

Dein

Benjamin Ziegler
Coach und Philosoph für Humane Wertsteigerung

Motivationskarten

Mit diesen Motivationskarten ermutige ich dich dazu, weiterzumachen, nicht aufzugeben und deine Standards hoch zu halten. Sie sollen dich auf deinem Weg, wertvoller zu werden, begleiten, inspirieren und unterstützen. Nutze sie für dich oder verschenke sie an die Menschen in deiner Umgebung, die dich wertvoller machen. Oder schneide sie aus und lege sie in der Öffentlichkeit aus: mache jemand anderem eine große Freude damit, wenn du sie selbst nicht mehr benötigst.

Vielleicht kennst du ja auch jemanden, der etwas Motivation oder eine kleine Aufmunterung nötig hat? Damit erheiterst du nicht nur den Tag von anderen, sondern machst dich auch wieder wertvoller. Probiere es aus. Ich wünsche dir viel Freude.

„Selbstvertrauen ist das erste Geheimnis des Erfolges."

Ralph Waldo Emerson

Versuche nicht, ein erfolgreicher, sondern ein wertvoller Mensch zu werden.

Albert Einstein

Es geht nicht darum, der Beste zu sein. Es geht darum, besser als gestern zu sein.

Wenn es einen Glauben gibt, der Berge versetzen kann, so ist es der Glaube an die eigene Kraft.

Marie von Ebner-Eschenbach

Motiviere dich mit deinen Erfolgen.	Niemand, der sein Bestes gegeben hat, hat es später bereut.
Versuchen wir uns doch einmal entschieden auf die Seite des Positiven zu stellen, in jeder Sache. Christian Morgenstern	Was ich heute bin, ist ein Hinweis auf das, was ich gelernt habe, aber nicht auf das, was mein Potential ist. Virginia Satir

Es gibt nur zwei Tage im Leben, an denen du nichts ändern kannst: Der eine ist gestern und der andere ist morgen.

Dalai Lama

„Man kann niemanden überholen, wenn man in seine Fußstapfen tritt.

Francois Truffaut

Lass die Angst vor dem Scheitern nicht größer sein als die Lust auf das Gelingen.

Robert Kiyosaki

Erfolg hat drei Buchstaben:

T U N !

Das Geheimnis des Könnens liegt im Wollen.

Giuseppe Mazzini

Tue heute etwas, worauf du morgen stolz sein kannst.

Es ist nicht von Bedeutung, wie langsam du gehst, solange du nicht stehen bleibst.

Konfuzius

Versuche nicht zu viele Dinge auf einmal zu tun. Wisse, was du willst, was die wichtigste Sache heute und morgen ist. Bemühe dich beharrlich und schaffe es.

George Allen

Entweder wir finden einen Weg oder wir machen einen.

Hannibal

Ein Schiff ist sicherer, wenn es im Hafen liegt. Aber dafür werden Schiffe nicht gebaut.

Paulo Coelho

Weniger zögern und mehr wagen, öfter innehalten, anstatt zu hasten, heute leben, anstatt zu verschieben, unsere Träume leben, anstatt unser Leben zu träumen.

Auch Wolkenkratzer haben mal ganz unten begonnen.

Hanno Nühm

Wo auch immer du hingest, geh mit ganzem Herzen.

Konfuzius

Wenn dir etwas wichtig ist, gibt es kein Aber.

Bertolt Brecht

Dein Körper kann alles schaffen, es ist dein Geist, den du überzeugen musst.

Du bist deine eigene Grenze – erhebe dich darüber.

Hafis

| Sorge dich um deinen Körper. Er ist der ein- zige Ort, den du zum Leben hast.

Jim Rohn	Wenn es Dich nicht herausfordert, ver- ändert es Dich nicht.
Du bist wertvoll.

Benjamin Ziegler

Du hast einen großen Wert.

Benjamin Ziegler | Du bist wertvoll.

Benjamin Ziegler |
| | |

Du bist wichtig in der Welt und für die Welt. Benjamin Ziegler	Du bist mehr als nur deine äußere Schale. Begib' dich auf die Reise zu deinem inneren Menschen. Benjamin Ziegler
Du bist wertvoll. Benjamin Ziegler	Du bist wertvoll. Benjamin Ziegler

Zeitnah sind weitere Bücher vom Autor Benjamin Ziegler geplant. Unter anderem mit den Themen:

- Wertsteigerung für Frauen

- Wertsteigerung für Männer

- Wertsteigerung für
  Geschäftsleute und Führungskräfte

Kontakt zum Autor sowie weiterführende Informationen zum Buch bzw. zu den Büchern, zum Coaching als auch zu den Seminaren und Vorträgen findest du unter:

www.wertupyourlife.ch

Benjamin Ziegler

Coach & Philosoph für
Humane Wertsteigerung